KB268560

자유학기제 Hello!

청소년 감정진로 GPS

| 우지연 지음 |

청소년
감정진로 GPS
사용설명서

1 책을 쓴 사람의 희망

이 책은 청소년 스스로가 "진정한 나"를 알아차림으로, 타인의 꿈이 아닌 자신이 잉태한 꿈이 되기 위해 쓰였습니다.

이 책을 잘 사용하기 위해서는
쓰는 것(writing)을 불편한 일이라고 생각하지 말고, 쓰는 것이 곧 생각하는 것이고 자신을 알게 되는 가장 정직한 길이 된다는 것을 알게 하고자 합니다.
또한 이 책은 자유학기제 기간에 개인적으로나 학교에서 사용할 수 있기 위해 만들어졌습니다. 자유학기제는 어떤 이에게는 마치 회전문revolving door을 지나치듯 의미없는 시기가 될 수 있습니다.
청소년에게 중요한 시간들을 아무런 의미와 목적 없이 쉬는 것이 아니라, 다시 새롭게 되는re-creation 시간이 되어야 합니다.

자유학기제는 중학교 교육과정 중 한 학기동안 학생들이 시험 부담에서 벗어나 꿈과 끼를 찾을 수 있도록 운영하는 교육제도입니다.

2 책의 특징

이 책은 지극히 주관적이라 생각할 수 있는 개인적 자원들을 소중히 여기고 있습니다.

이 책에서 가장 큰 배움은
"나로부터" 시작되며, 자기에게 배우고,
자기에게 질문해야 타인에게도
배울 수 있다는 것을 알게 하는데
있습니다.
동시에 진정한 배움은
너와 내가 서로 "연관된 배움"
Connected Learning을 통해서만
성장할 수 있다는 것을 인정하는데 있습니다.

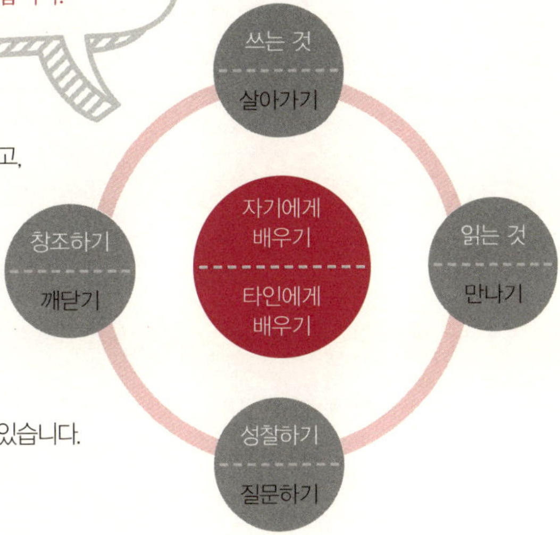

3 책의 사용방법

이 책에서 소개하고 있는 네 개의 섹션Section은 청소년 자신의 정체성을 찾아가고 꿈의 여정을 이루기 위해 도움을 줄 수 있습니다.

책의 구성

- 진정한 나 Self
- 경험 Experience
- 역량 competence
- 사람책 Human Book으로 구성되어 있습니다.

"GPS를 따라서 꿈 찾는 여행"에서는 21일동안 사용할 수 있는 감정진로노트로 활용할 수 있도록 만들었습니다.

*** 각 섹션은 순서대로 진행해도 좋지만, 학교나 개인의 필요나 호기심에 따라 순서를 바꿀 수 있습니다.**

CONTENTS

청소년 감정진로 GPS

3단계: 역량키우기 competence

청소년 감정진로 GPS

4단계: 사람책 Human Book

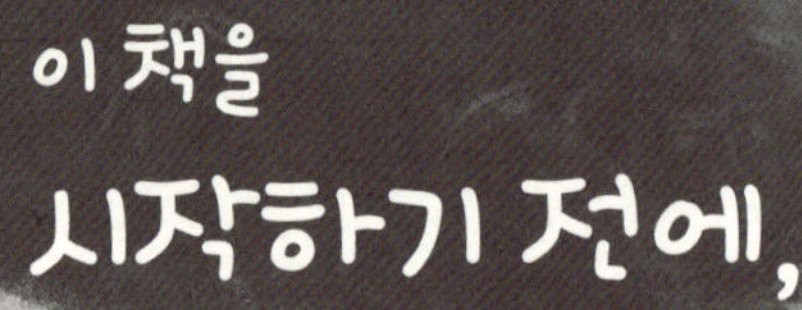

친구들은 커피가 어떻게 만들어지는지 아나요?

한 잔의 커피가 나오기 위해서 이러한 과정을 거치게 되지요. 마찬가지로 우리가 꿈을 가지고 꿈을 이루어가기 위해서는 커피가 만들어지는 과정과 아주 비슷한 과정을 거치게 돼요.

커피콩 선택

지역에 따라 커피콩이 달라요.

커피콩 상태 파악

커피콩의 상태가 좋아야 맛있는 커피가 나오지요. 재료의 중요성

커피콩 볶기

달달달, 원하는 맛을 위해 불의 세기를 다르게

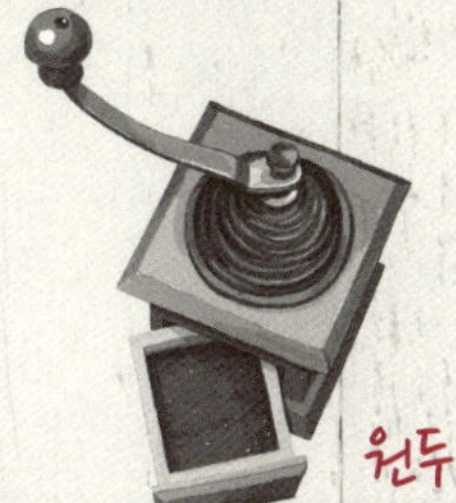

원두 갈기

찌찌찍, 원두가 갈려야
향과 맛이 깊어져요

에스프레소 추출

기계로 하게 될 때 나오는
커피추출액

한 잔의 커피 완성!

Tea Time...

커피 응용

- **카페라테:** 에스프레소 15ml + 우유 150ml
- **카푸치노:** 에스프레소 15ml + 우유 80ml + 부드러운 우유 거품 풍성히
- **카라멜마끼야또:** 에스프레소 15ml + 우유 150ml + 캬라멜 소스
- **바닐라라테:** 에스프레소 15ml + 우유 150ml + 바닐라시럽

커피가 만들어지는 순서	커피를 만드는 과정에서 배우는 꿈에 대한 인사이트Insight
1. 커피콩 선택 	한국에서 태어나 자라고 있는 우리에게는 대한민국 청소년만이 할 수 있고, 해내야 하는 꿈들이 있어요. 다른 나라의 것이 우월하다는 생각을 버리고 우리만의 독창적인 것을 생각해보세요.
2. 커피콩 상태 파악 	깨지고 상한 커피콩은 골라내듯이, 지금까지의 상처와 어려움은 이제 골라내야 해요. 아픈 상태에 머무르면 다음으로 나아갈 수 없어요. 꿈을 위해 이젠 안녕하고 떠나보내요.
3. 커피콩 볶기 	커피콩이 볶기 전의 상태는 '생두'라고 해요. 생두가 원두로 바뀌는 작업은 불로 볶는 것이에요. 아무리 좋은 재능을 가지고 태어났다고 하더라도 연단하지 않으면 꿈은 자라지 않아요. 힘들고 어려운 시기를 통해 나를 훈련하는 시간으로 가져보세요.

커피가 만들어지는 순서	커피를 만드는 과정에서 배우는 꿈에 대한 인사이트Insight
4. 원두 갈기 	다 볶아진 원두가 갈아져야 멋진 향과 맛을 냅니다. 딱딱한 상태로 머물면 나는 발전할 수 없어요. 나를 넘어뜨리려고 하는 시험temptation이 아니라 건강한 시험test을 통해 내가 아는 것과 모르는 것, 해야 할 것과 필요한 것을 발견해요.
5. 에스프레소 추출 	아는 것은 실천할 때만이 아는 것이지요. 모든 것을 융합하고 창조해 낼 수 있는 실천적 지혜practical wisdom를 세상은 원해요. 내가 아는 것은 정말 무엇인가요?
6. 커피 응용 	여러분이 배운 것, 경험들은 다양한 모습으로 응용될 수 있어요. 직업이 달라질 수 있고 전공이 비뀐다고 해도 걱정 마세요. 꿈은 내 안에 있으니깐요.
7. 서비스Service 	커피는 함께 나눌 수 있는 사람이 있을 때 가장 맛있습니다. 꿈을 이룬 사람이 많지만 가장 멋진 사람은 다른 사람을 사랑하기 위해서, 함께 사는 이 세상을 섬기기 위해서 살아가는 사람입니다.

꿈 주문방법

꿈이 자라기 위해서는 꿈을 심는 과정이 반드시 필요해요.
이 단순한 원리는 신이 세상에 허락한 가장 단순한 법칙으로, 오늘 내가 심은 것이 내일 나에게 심은대로 돌아오게 된다는 것에서부터 시작합니다.

사진(그림) 붙이는 곳

1. 꿈을 심기

꿈을 꿔보지 않은 사람은 꿈이라는 말이 무척 어렵게 느껴질 수 있어요. 대신 이렇게 생각해보면 어떨까요? 어떤 그림 또는 사진, 어떤 장면을 보게 되면 나를 미소짓게 만들어주고 기분을 좋아지게 만드는 것, 그것이 꿈과 비슷할 거예요. 또는 어떤 사람의 행동을 보면서 나도 그 사람과 같은 일을 했으면 좋겠다고 생각해본 적이 있다면 그것이 나의 꿈이 될 수 있어요. 나의 꿈을 심겨줄 모델을 찾거나 상상하는 모습을 그려보세요.

2. 이미지 트레이닝 Image Traning

여러분이 찾은 그림이나 사진을 자주 볼 수 있는 곳에 붙이세요.
우리에게는 꿈의 모델이 필요해요.
이 모델을 통해 우리는 희망을 얻게 되고, 우리가 어떤 길을 가야 하는지 예측할 수 있게 됩니다.
우리는 모델들을 통해 꿈의 길을 걷게 될 것이고, 모델들은 길에 대해 먼저 가고 있는 사람들이지요.

그림(사진)을 붙인 날짜:

그림(사진)에 대해 설명해 준 사람:

내 이야기를 들은 사람의 반응:

그림을 붙이고, 왜 이 그림을 선택했는지 가까운 사람에게 설명해주세요.
우리는 꿈에 대해 이야기하면서 좀 더 명확한 꿈을 꾸기 시작합니다.

3. 꿈에 대한 편견 바꾸기

꿈은 잘하지 못해도 누구나 꿀 수 있는 것!
꿈은 자라면서 계속 바뀌게 되지만 그렇다고 꿈이 아닌 것이 아니에요.
꿈이 계속 바뀐다고 속상해 하지 마세요.
꿈에 대한 태도는 바뀌지 않으니깐요.

4. 꿈을 위한 믿음의 약속

내가 할 수 있는 일이 꿈과는 상관없어 보이는 일들로 보일 수 있어요. 내가 만약 헤어디자이너가 되기를 원한다면 나는 지금 당장 머리카락 말리기, 커트 하기, 파마나 염색하기 등 이러한 기술을 배우고 싶어할 수 있어요. 그러나 학교에서나 가정에서 들려오는 말들은 나의 꿈과 전혀 상관없는 공부라는 생각이 들어 괴로울 수 있지요.
하지만 "지금 당장"이라는 나의 욕구를
내가 "오늘" 다스릴 수 있어야 해요.
꿈을 이루어가는 과정은 꿈을 이루기 위해 필요한 내용들을 갖추는 것 못지않게 인생에 대한 태도(성실, 부지런함, 정직 등)를 배우는 것이기도 합니다.
손님과의 약속을 잘 지키는 것이 실력 못지않게 중요한 일이에요.
비록 "지금 당장" 내가 원하는 만큼 할 수 없다고 하더라도,
꿈은 사라지거나 도망가지 않으니
내가 꾼 "그 꿈"을 믿고 그 믿음을 지켜주세요.

꿈에 대해 멋지게 상상하세요!

안 된다는 마음이 들 때는 망설이지 말고 어서 머리를 흔드세요!
불안과 두려움의 안개를 사라지게 하기 위해서 이렇게 말하세요.

"나의 꿈은 조금씩 자라고 있다. 나는 꿈을 향해 조금씩 다가가고 있다."

매일 이 문장을 읽으세요. 그리고 언제 이 문장을 읽을지 약속해보세요.

약속: 시 분
(언제부터: 년 월 일 ~ 언제까지: 년 월 일)

5. 꿈이 주문되었습니다!

이제 꿈을 심었으니 주문되어 나올 때까지 기다리세요.
주위의 많은 사람들은 전공과 얼마나 다른 일들을 하고 있는지 몰라요.
전공에 맞춰서 내 꿈을 만들어가기 보다는 꿈에 맞춰서 내가 하고자 하는 일을 맞추는 것이 더 지혜로운 일이 될 거예요.
여러분이 주문한 꿈의 목록을 다시 확인해보세요.

내가 이루고 싶은 꿈의 직업:

왜 이 직업이 좋아 보일까?

내가 정말 이 일을 할 수 있을까? 나에게 가장 먼저 설명해주세요.

꿈이 있어 행복한 나, 꿈 목록

1단계

청소년 감정진로 GPS

셀프 찾기 Real Self

1. 너에게 난 누굴까?

우리는 나 자신에 대해 무엇을 알고 있을까요?
다른 사람은 나에 대해 무엇을 알고 있나요?
여러분과 가장 많은 시간을 보내 온 사람에게 물어보세요.

이름:

학교 학년 반

여러분이 보는 나는 어떤 사람인가요?

여러분은 그들의 말에 동의하는 것도 있고,
그들이 모르는 것을 알고 있기도 하지요.
반대로 내가 모르는 것을 그들이 알고 있기도 합니다.
다른 사람의 말을 듣고 새로 알게 된 것이 있나요?
형광펜으로 체크해 보세요.

2. 나만이 아는 나

내가 화를 낼 때 정말 화가 나는 이유가 있을 때가 있어요.
남들에게는 말하지 못하지만 나만 알고 있는 이유가 있을 때도 있어요.
사람들에게 내가 왜 화가 났는지를 설명하려는 것 보다
내가 왜 화가 났는지 먼저 자신에게 물어보세요.
다른 사람이 알지 못하는 나는 어떤 이유가 있는 걸까요?

나를 화나게 하는 것은 무엇인가요?

싫어하는 것을 통해 알게 된 것은 무엇인가요?

청소년의 대답 중 "그냥"이라는 말은 대답할 수 없을 때, 대답하려면 너무 마음이 아파서 "그냥"이라고 말할 때도 있다는 것을 알아주세요.
그러나 싫어하는 것도 바뀔 수 있다는 것을 청소년 여러분도 알기를 바래요.
김치를 싫어했던 사람도 김치를 좋아할 수 있고
절대로 이해가 안 될 것만 같았던 사람도
이해가 될 수 있다는 여지를 마련해두기를….
나 역시 실수하기 싫지만 실수할 때가 있듯이,
다른 사람에 대해서도 조금의 자비를 베풀어주기를.
그렇게 너는, 그리고 나는 자랍니다.

3. 내가 좋아하는 것

내가 정말 좋아하는 것이 있어요.
이것을 생각하면 밤에 잠을 들 수 없어요.
이것 때문에 아침에 일찍 일어날 수도 있어요.
그것이 무엇인지 적어보세요.
적지 않으면 날아갈지 몰라요. 잊혀질지 몰라요.
아무리 사소한 것이라고 할지라도
내가 정말 좋아하는 시간은 무엇인가요?

내가 정말 좋아하는 것

좋아하는 것과 싫어하는 것은 분명 이유가 있어요.
그리고 이 두 가지는 매우 정반대의 모습을 취하고 있지만 비슷한 점이 있어요.
어려워 보이지만 사실은 너무 잘 통하는 내 안에 있는 나의 모습을 발견해볼까요?

	좋아하고 잘해보고 싶은 것	싫어하고 미워하는 것
1		
2		
3		
4		
5		
공통점 발견하기		

인사이드 아웃Inside Out이라는 영화에 보면, 슬픔이라는 캐릭터가 등장해. 슬픔은 슬픔을 통해 무언가 말해주는 것이 있지만, 우리는 슬픔을 문제라고 생각하고 가두려고 하지. 원을 그려서 그 안에서 제발 나오지 말라고 말하지. 그러나 무엇을 보면 왜 행복한지, 그것을 보면 왜 눈물이 나는지 좀 더 분명히 이해할 수 있어야 해. 그 모든 것은 다른 사람이 아닌 바로 내 모습이니까.

4. 너에게 말하고 싶어!

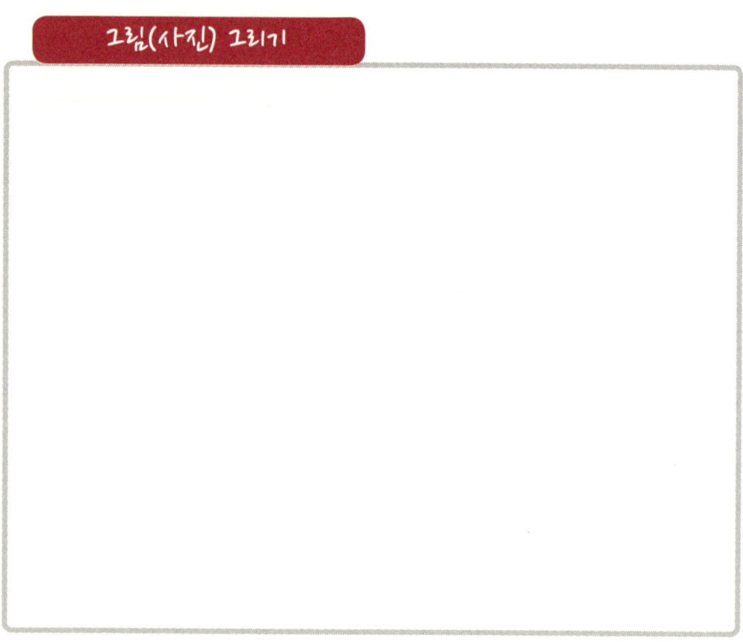

지금 머릿속에 떠오르는 이미지를 가지고 그려보세요.

이 사람은 무엇을 하고 있나요?
이 사람은 무슨 말을 하고 싶어 하나요?
이 사람에게 필요한 것은 무엇인가요?
이 사람에게 어떤 말이라도 해 줄래요?

5. 미래의 나

나는 어떤 사람이 되고 싶니?
사람들이 알아주는 나보다 정말 내가 어떤 사람으로 기억되고 싶은지를 생각해 본 적 있니?
이것은 너의 미래의 명함이야. 한번 만들어볼래?

나는 이런 사람이 되고 싶습니다.
미래의 나는 지금 이런 일과 비슷한 일을 하고 있을 것 같습니다.

미래의 명함 만들기

미래의 '내'가 지금의 '나'에게 편지를 남긴다면, 무슨 말을 써줄까요?

이 편지에서 내 마음에 남는 한 문장은?

6. 꿈을 위한 내 발의 빛

어둠을 비추는 것은 작은 불빛으로도 가능해.
미래에 어떤 일이 일어날지 모르지만
한 걸음씩 보이는 만큼, 비춰지는 만큼
나는 오늘도 최선을 다할거야.

지금 나이:

1년 뒤:

3년 뒤:

5년 뒤:

7년 뒤:

지금 모습:

나의 모습:

2 단계

청소년 감정진로 GPS

경험 만들기 A Good Experience

좋은 경험이 내 것이 되기 위해서 우리는 이제부터 21일동안 마음의 디톡스Detox를 시작할 거예요. 마음에 있는 부정적인 생각, 분노, 우울, 무기력, 낙심들을 빼내고 마음을 건강하게 하는 것들로 채우는 시간들이에요. 21일이 지나면 얼굴빛이 달라지고 마음이 건강하고 아름다운 여러분들로 변화될 거예요. 조금은 귀찮을 수 있지만 잘 해나갈 수 있지요? 여러분을 응원합니다!

1. 감사 채우기

오늘 하루를 기적과 같은 하루로 만들고 싶지 않나요?
매일 아무런 일이 일어나지 않거나 바뀌지 않는다고 벌써 포기한 것은 아니지요?
환경을 바꿀 수 없다는 것을 여러분이 알게 된다면,
이제부터 우리는 내가 할 수 있는 일들을 찾아서 해 볼거예요.
운동을 통해 몸을 만들어가듯이,
감사의 말들을 통해 여러분의 내면을 멋지게 가꿔보세요.

내가 평상시 자주 쓰는 말들을 적어보세요.

나 자신에게	친구에게	부모님에게

이 말들을 긍정적인 말로 바꾸어보세요

나 자신에게	친구에게	부모님에게

오늘 하루 나의 말들을 들어준 사람은 어떤 기분이 들까요?

바꿔봐요.
"감사합니다", "고마워", "감사해요" 등을 넣어서 하루를 요리해볼까요?

· 하루에 10번 이상 감사한 생각 갖기
· 상대방이 한 일에 대해 감사 말하기
· 나에게 느끼게 해 준 고마운 감정에 대해 감사 말하기

약속: 년 월 일

누구에게 이 말을 할 건가요?

2. 청소년에게 필요한 감정단어 목록

희_행복해요!

행복한, 좋은, 사랑하는, 고마운, 기쁨이 넘치는, 만족하는, 기대하는, 자랑스러운, 뿌듯한, 가슴 벅찬, 감동적인, 보고싶은, 편안한, 포근한, 안정적인, 차분한, 침착한, 여유로운, 한가로운, 고요한, 평온한, 평화로운, 따뜻한, 다정한, 온화한, 감미로운, 자비로운, 정겨운, 가슴 뭉클한, 보람찬, 애틋한

노_화나요!

화난, 싫은, 짜증나는, 미워하는, 심통나는, 샘 나는, 질투나는, 지겨운, 귀찮은, 답답한, 속상한, 좌절한, 괴로운, 억울한, 신경질나는, 분한, 열받는, 곤두선, 질투하는, 약오르는, 욱하는, 충격적인, 상처받은, 섭섭한, 비참한, 변덕스러운

애_슬퍼요!

슬픈, 눈물이 나는, 미안한, 마음 아픈, 불쌍한, 재미없는, 지루한, 따분한, 의욕없는, 무관심한, 시큰둥한, 위축된, 의기소침한, 외로운, 막막한, 기운이 없는, 피곤한, 걱정되는, 고민되는, 후회되는, 실망스러운, 조심스러운, 안타까운, 싸늘한, 허탈한, 우울한, 울적한, 서러운, 안절부절못하는

락_신나요!

신나는, 즐거운, 재미있는, 흥겨운, 흥분되는, 할 수 있는, 자신있는, 당당한, 기대되는, 궁금한, 설레는, 놀라운, 반가운, 흥미로운, 몰두하는, 열정적인, 의욕넘치는, 활력넘치는, 힘찬, 기운이 넘치는, 날아갈 것 같은, 밝은, 발랄한, 생생한, 상쾌한, 유쾌한, 의기양양한, 자랑스러운, 확신하는, 우쭐한, 짜릿한, 꿋꿋한, 용기있는

공포_무서워요!

무서운, 두려운, 공포스러운, 불안한, 떨리는, 겁나는, 진땀나는, 조마조마한, 초조한, 다리가 후들거리는, 굳어버린, 긴장된, 주눅드는, 소름끼치는, 오싹한, 괴로운, 고통스러운

수치_부끄러워요!

부끄러운, 쑥스러운, 창피한, 수치스러운, 민망한, 어색한, 자신없는, 어려운, 당황스러운, 혼란스러운, 당혹스러운, 위축된, 죄스러운, 난감한, 낭패스러운, 부담되는, 찝찝한

3. 감사 근육 키우기

아침부터 잠들기 전까지 감정 그래프

100
80
60
40
20
0

최고에서 일어난 일 :

그때의 감정 이모티콘 :

최저에서 일어난 일 :

그때의 감정 이모티콘 :

그래도 감사했던 일 발견하기

감사노트 ______ 일째

1.

2.

3.

4.

5.

4. 마음 그림일기

오늘 하루를 마감하면서 그려놓을 마음의 일기는 어떤 모습일까요?

____________년 ____월 _____일

오늘의 감정날씨는?

오늘에 대한 긍정의 말:

내일을 위한 격려의 생각과 행동:

5. 하루 쓰레기통

오늘 하루 버려야 할 쓰레기는 무엇일까요? 쓰레기는 일상생활을 할 때 자연스럽게 발생되는 것이에요. 빵을 먹고 나서는 빵 봉지가 나오게 되고, 음료를 먹고 나서는 빨대와 병이 남게 됩니다. 처음부터 쓰레기로 처리되기 위해 나온 것은 없어요. 쓰레기는 살다보면 나오게 되고 생기게 되는 것이지요. 우리가 알아야 하는 것도 이와 비슷해요. 쓰레기 봉투에 집착하는 것보다 내용물이 더 소중하고 필요한 것이었듯이, 오늘 내가 버리고 싶은 감정이나 사건이 무엇인지 생각해볼까요?

쓰레기는 정리해서 쓰레기통에 들어가면 됩니다. 쓰레기가 넘치면 지저분해지고 건강에 어려움이 생길 수 있어요. 마찬가지로 매일의 삶에 자연스럽게 발생되어지는 일들을 생각하면서 버려야 할 것과 취해야 할 것을 정리하는 것은 마음의 디톡스를 위해서 필요한 일입니다.

버려야 할 감정이나 행동

다시 사용하고 싶은 감정이나 행동

6. 생각 정리 마인드맵

생각정리 _____일째

_________년 ____ 월 _____일 ____요일

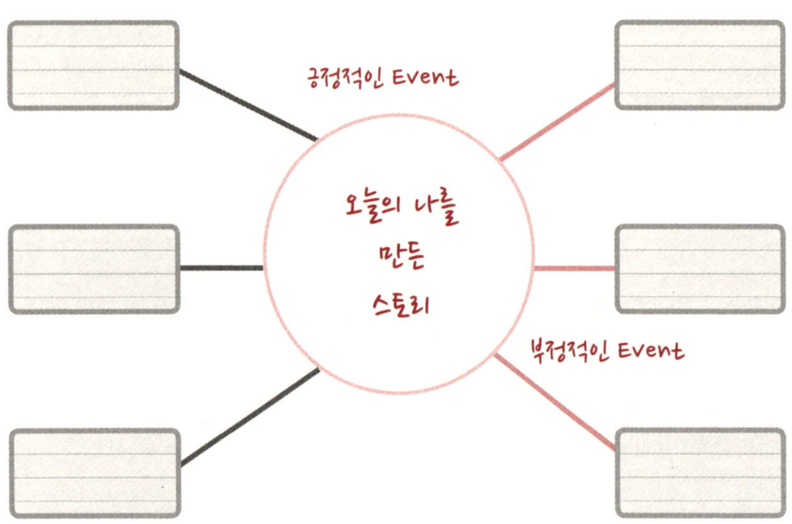

7. 친구 네트워크

친구는 동갑내기만을 뜻하는 것이 아니라 나보다 어린 사람도, 그리고 나보다 나이가 많은 사람도 친구가 될 수 있습니다. 친구는 나이의 개념이 아니라 배우고 받아들일 수 있는 사람을 뜻합니다.

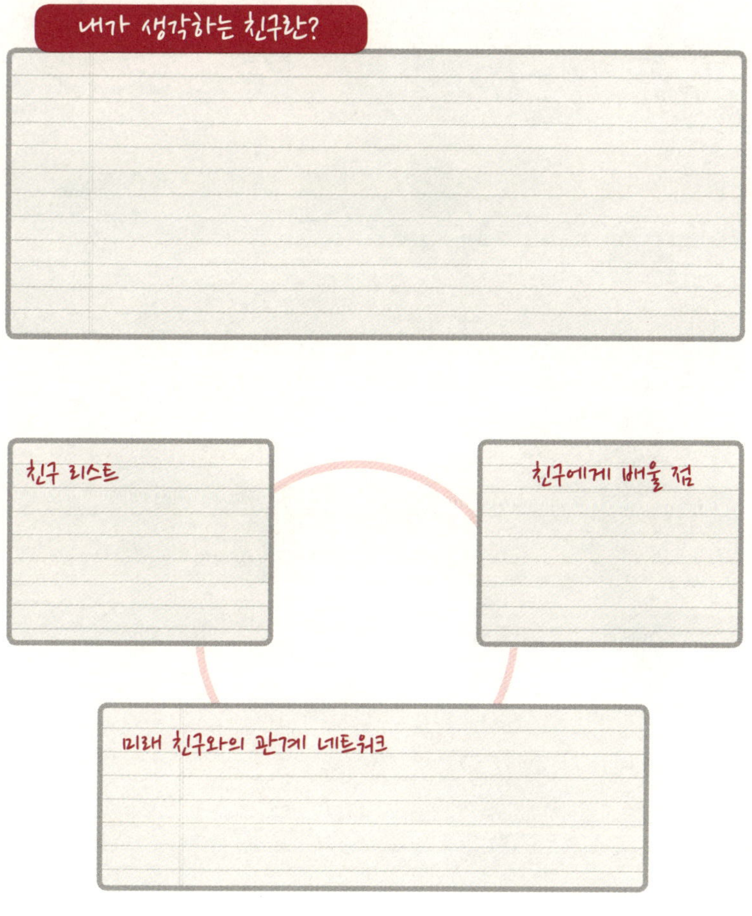

8. 마음과 몸이 건강해지는 분노를 해결하는 18가지 방법

1. 9가지 열매 이야기

사랑: 조건을 보지 않고 자발적으로 기꺼이 희생하는 사랑

희락: 어려운 환경에 영향을 받지 않는 마음의 지속성

화평: 마음의 평온을 빼앗기지 않는 고요한 상태

오래참음: 소망을 잃지 않고 물러서지 않는 단단한 견딤

자비: 나의 필요를 넘어서 다른 이들의 필요를 채워주는 친절함

양선: 모든 사람에게 선한 목적을 가지고 행동으로 보여주는 사랑

충성: 약속한 것을 지키기 위해서 자기의 자리를 지키는 믿음직스러움

온유: 자신이 가지고 있는 힘을 바른 목적을 향해 사용하는 능력

절제: 아무도 보지 않는 곳에서 자기를 지켜낼 수 있는 자기통제

The fruit of the Spirit is love, joy, peace, patience, kindness, goodness, faithfulness, gentleness and self-control. Against such things there is no law. Galatians 5:22-23

나에게 있는 열매

더 맺고 싶은 열매

2. 청소년을 위한 조언Advice

열매	주요 성격	위인들	훈련방향	
			대상	실천목표
사랑	조건없음 자발적임 희생하는 사랑	· 장기려 · 이태석		
희락	어려운 환경에 처함 마음을 지키는 지속성	· 반기문 · 월트디즈니		
화평	마음을 고요하게 만드는 상태	· 요한 제바스티안 바흐 · 황희		
오래 참음	소망을 가짐 물러서지 않고 견딤 훈련	· 간디 · 베토벤 · 크리스토퍼 콜럼버스 · 스티븐 호킹		
자비	다른 이들의 필요를 앎 친절함	· 테레사 · 정약용		
양선	모든 사람에게 선함 행동으로 드러남	· 나이팅게일 엘리너 루스벨트		
충성	약속을 지킴 자기의 자리에 있음 믿음직스러움	· 정몽주 · 안창호		
온유	내가 가진 힘을 앎 나의 것을 바르게 사용함	· 세종대왕 · 에이브러햄 링컨		
절제	스스로 자기를 지킬 수 있는 자기통제	· 김정호 · 김유신 · 신사임당 · 임마누엘 칸트 · 조지 워싱턴		

21일 9가지 열매 프로젝트

__주	9가지 열매 우선순위	월	화	수	목	금	토	일
1								
2								
3								
4								
5								
6								
7								
8								
9								

누구에게 열매를 맺을 것인가요?

(예를 들어, 등교하기 전에 엄마에게 사랑한다고 말하겠습니다.)

대상: ______________________________

무엇을: ______________________________

언제: ______________________________

3. 매일 시간 플래너 Daily Time Planner

모두에게 똑같이 주어진 24시간의 시간을 어제보다 더 나은 오늘로,
후회나 핑계가 아니라
감사와 열정으로 가득찬 하루를 만들어가면 어떨까요?
플래너에 적는 일은 어렵기 보다는 불편할 수 있지만
그 불편을 기꺼이 감수할 때
시간에 사로잡힌 내가 아닌, 시간을 다스리는 내가 될 수 있을 거예요.
계획하세요!
그리고 스스로와 약속하세요!
그리고 실천하세요!

Month		This Week
		1주 2주 3주 4주 5주

기상시간		취침시간	

이번주 계획

이번 주 우선순위

1	
2	
3	
4	
5	

■ 일일학습계획

오늘을 시작하는 긍정적인 말	

교시	공부한 과목(페이지)	과제	확인

오늘을 효과적으로 사용하는 방법

1) 집중하기 위해서 휴대폰은 무음으로 하세요.
   쉬는 시간에 보도록 합니다.
2) 쉬운 것이 아닌 어려운 과목부터 합니다.
3) 다 한 일은 목록에서 지웁니다.
4) 핑계를 정당화하지 마세요. 자신에게 정직하세요.
5) 쓸데없는 생각은 메모지에 그때부터 옮겨두세요.
   집중하지 못하게 만드는 생각에 사로잡히지 마세요.

시간	우선 순위	내용	시작 시간	마치는 시간	의미

Break Time:

시 분 ~ 시 분

갑작스러운 일들이 생길 경우를 대비해서
브레이크 타임Break Time을 만드세요.
브레이크 타임은 공부하려고 하는데 누군가의 방해나 어려운 일이 생길 때, 친구나 가족의 급한 약속 등을 위한 것입니다.
갑작스럽게 나의 의지와 상관없이 일어나는 일들은 불편할 수 있습니다. 하지만 내가 조정할 수 없다면, 스스로 잠시 쉼을 누릴 수 있는 시간이 주어졌다고 생각하세요. 그러면 한결 마음이 편안해 질거예요. 그리고 하지 못한 일은 다음 날로 미루지 말고, 토요일과 같은 시간에 하도록 합니다.

데일리 시간관리

수면시간	
공부한 시간(학교/학원 등)	
꿈을 이루기 위해 노력한 시간 (복습/숙제/실기 등)	
짜투리시간(등하교 등)	
휴식(식사 등)	

오늘에 대한 피드백

1) 나 자신과의 약속을 잘 지켰나요?
만약 그렇지 못하다면 무엇이 문제였나요?
이 문제를 해결하기 위해서 내가 할 수 있는 방법은 무엇이 있을까요?

2) 오늘 나는 행복한 하루, 감사한 마음을 가졌나요?

3) 여러분이 상상한 미래 사진을 마음에 품고 잠들어요.

4. 월별계획안

__________ 월

MON	TUE	WED	THU	FRI	SAT	SUN

올 해 이루고 싶은 버킷 리스트

1.

2.

3.

4.

5.

6.

7.

5. 스케쥴 없는 날, 보너스

달력을 보면 빨간색으로 표시된 날짜가 있지요?
그 날은 쉬는 날이라는 뜻이에요.
쉼이 있어야 공부도 할 수 있고 운동도 하고, 삶의 의미를 생각해 볼 수도 있어요.
머리를 쉬고, 마음을 내려놓는 그런 날이 여러분에게는 언제 있나요?

일주일에 1일 한 달에 4번	스케쥴 없는 날
1	월 일
2	
3	
4	

스케쥴 없는 날은 청소년에게 마치 보너스Bonus와 같은 날이에요.
영화도 보고, 운동도 하고, 친구도 만나고, 음악도 듣고, 봉사도 하고 … 이 날은 쉬는 날이에요. 무엇을 할지 정하는 것은 평일에 하구요.
빨간 날은 특별하게 쉬는 날로 고정시켜두세요.

유엔 아동권리협약 제31조에는 이런 조항이 있어요. 우리나라도 지켜야 할 의무가 있어요.

제31조 1. 당사국은 휴식과 여가를 즐기고, 자신의 연령에 적합한 놀이와 오락활동에 참여하며, 문화생활과 예술에 자유롭게 참여할 수 있는 아동의 권리를 인정한다.
2. 당사국은 문화적 · 예술적 생활에 완전하게 참여할 수 있는 아동의 권리를 존중하고 촉진하며, 문화, 예술, 오락 및 여가활동을 위한 적절하고 균등한 기회의 제공을 장려하여야 한다.

여기에서 아동은 청소년을 포함한 것을 말하고 있어요. 여러분에게 충분한 쉴 권리가 있다는 것, 기억하세요!

6. 봉사활동 계획표

<table>
<tr><td rowspan="3">활동
계획</td><td colspan="2">년 월 일 ~ 년 월 일</td></tr>
<tr><td colspan="2">월 ( ) 회, 주 ( ) 회</td></tr>
<tr><td colspan="2">오전/오후 ( )시부터 오전/오후 ( )시 까지 ( )시간</td></tr>
<tr><td rowspan="3">활동
장소</td><td>단체명</td><td></td></tr>
<tr><td>주 소</td><td></td></tr>
<tr><td>연락처</td><td></td></tr>
<tr><td>희망
분야</td><td colspan="2"></td></tr>
<tr><td>계획
동기</td><td colspan="2"></td></tr>
</table>

위와 같이 봉사활동을 하고자 계획합니다.

년 월 일

성 명 : (인)

담 임 : (인)

봉사활동을 통해 꿈의 퍼즐 한 조각을 맞춰봅니다!

내가 관심을 갖고 있는 분야

1. ______________________________

2. ______________________________

3. ______________________________

관심있는 분야의 봉사를 해 나가려면 아래의 검색어를 참고하세요.

- 종합봉사센터 (각 시마다 사이트를 개설하고 청소년들의 봉사활동과 관련된 다양한 정보를 갖추고 있어요)
- 행정자치부 1365자원봉사 (분야별, 지역별, 유형별 봉사정보를 알 수 있어요)
- 두볼 청소년자원봉사 (청소년자원봉사 매뉴얼, 상해보험 등의 상세한 정보가 있어요)

7. 돈에 대한 생각정리

1) 돈 사용 다이어리Diary

날짜	금액			지출에 대한							
				내용(for)			분류				
	수입	지출	잔액	me	you	other	식비	문화	필기구	의류	

이번 주 돈 사용 다이어리에 대한 분석

(1) 돈 사용의 대상과 이유

(2) 돈 사용에 대한 사실

내가 가장 많이 사용한 대상과 사용처

이유:

새롭게 알게 된 점:

내가 가장 적게 사용한 대상과 사용처

이유:

알게 된 점:

(3) 돈에 대한 생각 정리

돈 때문에 꿈과 바꾸지 말자.
돈 때문에 꿈을 포기하지 말자.
그러나 돈 때문에 꿈을 꾸지 못한다고 말하지 말자.
누구에게나 꿈은 꿀 수 있는 거니깐.
불편하고 돈이 없다고 하더라도
절대로 낙심하거나 타인을 탓하지 말자.

2) 돈에 대한 나만의 원칙 정하기

돈에는 나의 가치가 담겨져 있다. 돈은 아무리 많아도 만족할 수 없는 것이고, 돈을 벌지 않는 청소년에게는 늘 모자라고 부족하다. 내가 쓰고 싶은 만큼 돈이 필요하다면, 얼마만큼의 돈이 있어야 하겠는가. 돈을 사용하고자 하는 목표를 정하고 그것을 얻기 위해서 나는 또 다른 것을 내려놓아야 한다. 돈을 많이 버는 것이 아니라 그것을 "어디에" 사용하려고 하는지 스스로에게 물어보자. 돈을 사용하는 데에는 항상 대가가 필요하다.

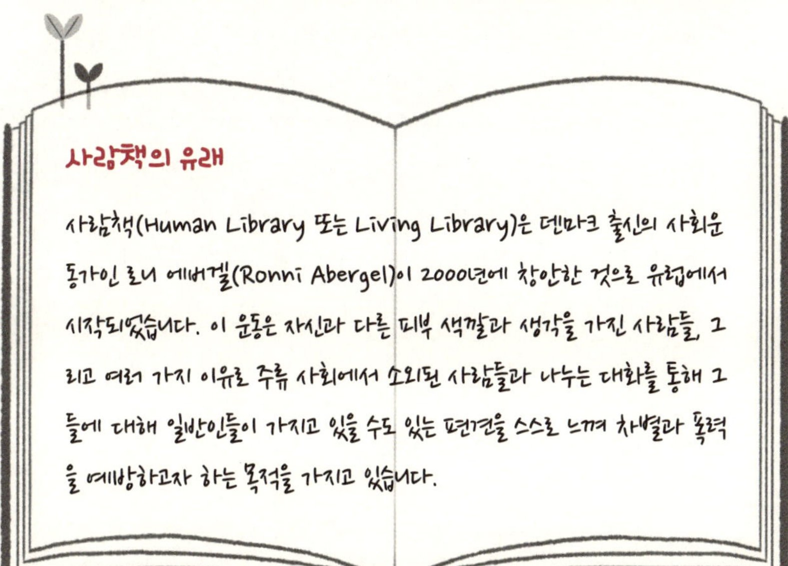

사람책을 활용한 감정진로의 교육원리

1. 꿈의 모델을 만납니다.

한 권의 책을 읽는 대신 청소년이 관심있어 하는 직업을 가진 사람과 만납니다. 청소년이 평상시 관심있어 하는 꿈의 모델을 만나 대화하면서 여러 가지 직업에 대한 편견과 선입견을 버리게 됩니다. 또한 청소년이 책에서 읽을 수 없었던 삶의 지혜를 사람이라는 책을 통해 배우고 생각할 수 있는 기회를 얻게 됩니다.

2. 다양한 직업에 대해 알게 됩니다.

사람책의 원리를 진로교육에 사용하게 될 때, 청소년들이 흥미있어 하는 연예인, 바리스타, 공무원, 운동선수 등의 특정한 직업에만 집중하게 되는 편견에서 벗어날 수 있습니다. 또한 청소년 시기에 다양한 직업에 속한 사람들과의 만남을 통해 직업에 대한 다양하고 폭넓은 사고와 경험을 갖게 됩니다. 만약 초등학교 4-6학년, 중학교 시기, 고등학교 시기를 통해 자신의 인생에 영향을 미치는 롤 모델(Role-Model)을 만나고, 다양한 사람책을 50명, 100명, 150명으로 확장하게 된다면 청소년은 더 큰 꿈, 다양한 꿈을 꾸게 될 것입니다.

3. 관계 네트워크가 확장됩니다.

청소년의 관계 네트워크는 더 확장되어야 합니다. 입시위주의 교육환경은 친구관계에서도 진정한 우정을 발전시키기 어렵고 경쟁과 이기심을 자연스러운 방법으로 습득하게 만듭니다. 그러나 사람책은 교과서에서 배울 수 없는 단순한 정보를 넘어 친밀한 관계안에서 서로의 이야기를 듣게 되고, 그 이야기가 자신의 이야기에 직접적인 영향력을 발휘합니다. 또한 친구관계에서 해결할 수 없었던 문제들을 다양한 세대의 가르침을 통해 배우게 되고 받아들일 수 있습니다.

1. 사람책을 대출합니다

사람책과의 만남		
만나기	읽은 날	
	이 책을 대출한 이유	
질문하기	사람책 이름	
	직업	
	구체적인 업무	
	보람있는 점	
	어려운 점	
	이 일의 전망	
	미래의 전망 및 조언	
깨닫기	사람책을 통해 알게 된 점	
살아가기	사진(그림)	
	나의 결심	
	한 문장으로 오늘의 만남을 표현하기	

2. 사람책 마인드맵

한 권을 읽을 때마다 사람 책 마인드맵으로 정리합니다.

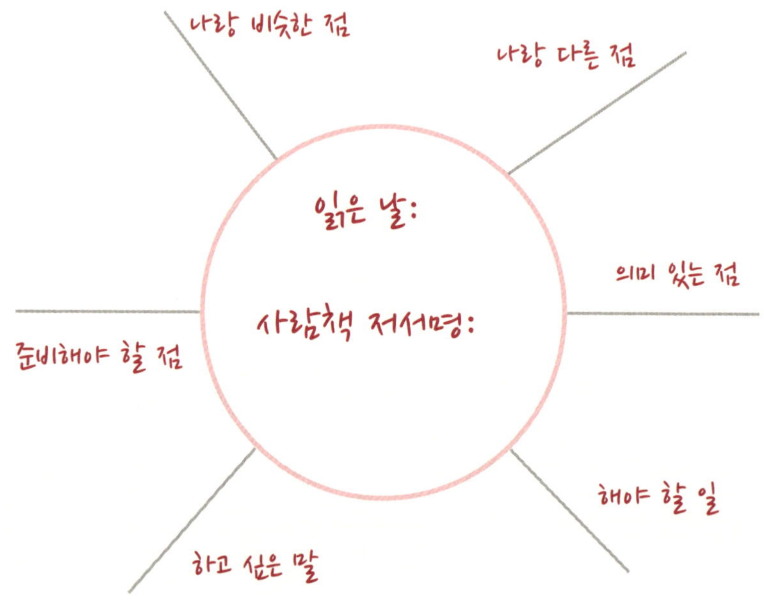

3. 꿈의 직장을 방문할 때 알아두어야 할 에티켓

* 꿈의 직장을 방문하기 전에 직장에 대한 정보를 미리 알고 갑니다.

* 꿈의 직장을 방문하기 하루 전에, 담당자와 통화합니다.

* 방문하는 곳이 직장이라는 것을 기억하고, 옷은 최대한 단정하게 입습니다.

* 핸드폰을 만지지않고 필기도구를 꼭 챙겨서 노트에 기록합니다.

* 생각나는 질문은 적어놓고, 담당자의 설명 후에 질문합니다.

* 직장 방문이 끝나면 공손히 인사하고 귀가합니다.

* 간단한 카드나 이메일을 통해 방문을 통해 배우게 된 점과 감사한 마음을 전달합니다.

4. 꿈의 직장 포트폴리오portfolio

날짜			
작성자			
방문직장			
만나주신 분		직책	
하시는 일			
생각할 질문거리	어떻게 해서 이 직업을 선택하게 되셨나요? 이 직업에 대해 가장 만족하시는 때는 언제인가요? 이 일을 하면서 힘든 점은 무엇인가요? 이 직업을 가지려면 어떤 준비를 해야 하나요? 이 일을 희망하는 학생들에게 하고 싶은 말씀은 무엇인가요?		
노트			

	내가 경험한 활동
활동 내용	
좋았던 점	
아쉬웠던 점	
오늘 배운 점	
새롭게 알게 된 점	
준비하고 싶은 점	

5. 책 속에서 만나는 꿈의 모델

<table>
<tr><td>읽은 날</td><td colspan="2"></td><td>No.</td><td></td></tr>
<tr><td>책명</td><td colspan="4"></td></tr>
<tr><td>저자</td><td></td><td>출판사</td><td colspan="2"></td></tr>
<tr><td rowspan="3">책에서 만난 꿈 모델</td><td>1. 인물</td><td colspan="3"></td></tr>
<tr><td>2. 이벤트Event</td><td colspan="3"></td></tr>
<tr><td>3. 해석과 반응</td><td colspan="3"></td></tr>
<tr><td>인상깊은 문장</td><td colspan="4"></td></tr>
<tr><td>단어로 이 책을 정리하기</td><td colspan="4"></td></tr>
</table>

6. 건강한 나무로 성장하기 위한 자기 선언

헌신獻身, 나는 무엇을 위해 몸을 쓰고 있는가?
헌심獻心, 나는 어떤 것에 마음을 맞추고 있는가?
헌금獻金, 나는 누구를 향해 돈을 사용하고 있는가?

인성교육진흥법 핵심가치 :
예(禮), 효(孝), 정직, 책임, 존중, 배려, 소통, 협동

헌신, 나는 __________을 위해 나의 몸을 ____________________.

헌금, 나는 __________에 마음을 집중하겠습니다.

헌금, 나는 __________를 향해 나의 돈을 사용하겠습니다.

년 월 일

이름: (사인)

7. 꿈집 지도

1) 유형별 직업군과 관련학과

직업군	직업	관련학과
경영·회계·사무관련직	기업고위임원(CEO), 노무사, 경영 및 진단전문가(경영컨설턴트), 회계사, 세무사, 관세사, 감정평가전문가, 광고 및 홍보전문가, 상품기획전문가, 조사전문가, 행사기획자, 경영지원사무원, 생산관련사무원, 무역사무원, 운송사무원, 회계 및 경리사무원, 안내 및 접수사무원, 비서	경영학과, 경제학과, 법학과, 회계학과, 세무학과 등 상경계열, 전자공학, 화학공학, 기계공학 등 이공계열
금융·보험 관련직	투자 및 신용분석가, 자산운용가, 보험 및 금융상품개발자, 증권 및 외환딜러, 손해사정사, 금융 및 보험관련사무원, 보험관련영업원	경영학과, 회계학과, 경제학과, 금융학과,재무금융학과, 수학과, 통계학과 등
교육 및 연구관련직	대학교수, 생명과학연구원, 인문과학연구원, 사회과학연구원, 중등학교교사, 초등학교교사, 특수학교교사, 유치원교사, 학원강사 및 학습지교사	대학교의 모든 학과
법률·경찰 및 소방관련직	판사 및 검사, 변호사, 법무사, 변리사, 법률관련사무원, 경찰관	법학과, 공법학과, 사법학과 등 경찰대학, 경찰학과, 경찰경호과, 경찰행정학과, 사이버경찰학과 등
	소방관	소방관리학과, 소방공학과, 소방학과 등
	소년보호관 및 교도관	교정보호학과, 경찰행정과 등
보건·의료 관련직	의사, 한의사, 치과의사, 수의사, 약사 및 한약사, 간호사, 치과위생사, 물리 및 작업치료사, 임상심리사, 임상병리사, 방사선사, 치과기공사, 안경사, 영양사, 의무기록사, 응급구조사, 간호조무사, 간병인	의예(학)과, 한의예(학)과, 치의예(학)과, 수의과대학(수의학과), 약학과, 제약학과, 한약학과, 간호학과, 치위생(학)과, 구강보건학과,물리치료(학)과, 심리학과, 임상심리학과 등

직업군	직업	관련학과
사회복지 관련직	사회복지사, 상담전문가 및 청소년 지도사, 직업상담사 및 취업알선원, 시민단체활동가, 보육교사	사회복지학과, 사회사업학과, 아동복지학과, 청소년학과, 노인복지학과, 노인보건복지과, 실버보건학과, 가족복지과, 산업 복지학과, 생활환경복지학과, 도시복지학과 등
문화예술 관련직	작가, 번역가, 통역사, 출판물전문가, 큐레이터 및 문화재보존원, 사서 및 기록물관리사, 기자, 미술가, 사진가, 만화가 및 애니메이터, 국악인 및 전통예능인, 음악가, 대중가수 및 성악가, 무용가 및 안무가	어문계열 학과, 번역학과, 회화학과, 동양학과, 서양학과, 조소학과, 공예학과, 미술사학과, 기악과, 관현악과, 피아노과, 성악과, 작곡과, 실용음악과 출판미디어학과 등
디자인 및 방송관련직	제품디자이너, 패션디자이너, 인테리어디자이너, 시각디자이너, 웹 및 멀티미디어디자이너, 캐드원, 감독 및 연출자, 배우 및 모델, 아나운서 및 리포터, 영화 · 연극 및 방송 제작 장비기사, 연예인 및 스포츠매니저	제품디자인학과, 산업디자인학과, 의상학과, 건축학과, 연극영화과, 신문방송학과, 광고(홍보)학과 등
운전 및 운송관련직	항공기조종사, 항해사, 관제사, 철도 및 전동차기관사, 택시운전원, 버스운전원, 화물차 및 특수차운전원, 물품이동장비조작원(크레인 및 지게차운전원), 택배원	항공운항학과, 해양 및 수산관련 학과, 항공교통학과, 철도운전시스템공학 등
영업 및 판매관련직	영업원, 상품중개인 및 경매사, 부동산중개인(부동산중개사), 상품판매원, 텔레마케터, 계산원 및 매표원, 홍보도우미 및 판촉원	경영학과, 유통경영학과, 마케팅학과, 부동산학과, 무역학과 등
경비·청소 및 개인서비스관련직	경호원, 청원경찰, 경비원, 청소원 및 가사도우미, 세탁원 및 다림질원, 이용사 및 미용사, 피부미용사 및 체형관리사, 메이크업아티스트 및 분장사, 애완동물미용사, 결혼상담원 및 웨딩플래너, 장례지도사, 여행서비스관련종사자, 항공기객실승무원, 경기감독 및 코치, 운동선수, 스포츠 및 레크리에이션강사	경호학과, 특성화고교, 전문대학 및 대학교의 미용학과, 뷰티미용학과, 피부미용학과, 뷰티아트과, 뷰티케어과, 헤어디자인과 등

직업군	직업	관련학과
건설관련직	건축가(건축사) 및 건축공학기술자, 토목공학기술자, 조경기술자, 도시 및 교통설계전문가, 측량 및 지리정보전문가, 철골공, 철근공 및 콘크리트공, 조적공 및 석공, 건축목공 및 전통건물건축원, 미장공 및 방수공, 단열공, 도배공, 배관공, 건설기계운전원, 단순노무종사자	건축학과, 토목학과, 조경학과, 도시공학과 도시지적공학과 등
화학관련직	기계공학기술자, 기계장비설치 및 정비원, 운송장비정비원, 자동차정비원, 금형 및 공작기계조작원, 냉난방관련 설비조작원, 자동차 및 자동차부분품조립원, 제조공정부품조립원, 재료공학기술자, 판금원 및 제관원, 단조원, 주조원, 용접원, 도장원 및 도금원, 금속가공장치조작원, 비금속광물가공장치조작원, 화학공학기술자	기계공학과, 응용기계공학과, 자동차과, 조선공학과, 선박해양공학과, 로봇시스템공학과, 기계정보공학과, 항공우주공학과, 메카트로닉스과, 컴퓨터응용기계과, 정밀기계공학과 등
전기전자·정보통신관련직	전기공학기술자, 전자공학기술자, 전공, 전기 및 전자기기설치수리원, 전기 및 전자설비조작원, 컴퓨터하드웨어 기술자 및 연구원, 통신공학기술자 및 연구원, 컴퓨터시스템설계 및 분석가, 네트워크시스템개발자, 컴퓨터보안전문가, 시스템소프트웨어개발자, 응용소프트웨어 개발자, 웹 및 멀티미디어기획자, 데이터베이스 개발자, 정보시스템운영자, 통신장비 및 방송송출장비 기사, 방송 및 통신장비 설치수리원	전기공학과, 전기전자공학과, 제어계측공학과, 전기설비과, 원자력공학과, 전자공학과, 정보통신공학과, 재료공학과, 기계공학과 등
음식서비스 및 식품가공 관련직	주방장 및 조리사, 바텐더, 식품공학기술자 및 연구원, 제과제빵사, 식품가공관련기능종사자, 식품제조기계조작원	조리과, 조리과학과, 식품조리학과, 전통조리과, 외식조리(학)과, 호텔조리과, 호텔외식조리과, 관광호텔조리과 등

직업군	직업	관련학과
섬유·환경 및 공예관련직	섬유공학기술자, 환경공학기술자, 비파괴검사원, 산업안전 및 위험관리원, 환경관련장치조작원, 인쇄 및 사진현상관련조작원, 공예원, 귀금속 및 보석세공원, 악기제조원 및 조율사, 간판제작 및 설치원	섬유공학과, 패션섬유과, 신소재공학부, 금속공학과, 출판디자인과, 사진과, 귀금속공예전공, 피아노학과, 공업디자인과 등
농림어업 관련직	작물재배종사자, 낙농 및 사육관련종사자, 임업관련종사자, 어업관련종사자	농업경영과, 농업유통정보과, 동물자원과, 축산학과, 낙농학과, 원예과, 자영수산과, 자영해양생산과 등

출처: 고용노동부, 한국고용정보원 직업연구센터 〈한국직업전망〉

2) 기관별 직업 체험 정보

한국잡월드	http://www.koreajobworld.or.kr 경기도 성남시 분당구 분당수서로 501 (우)13553 TEL:1644-1333 대상 : 어린이, 청소년 한국잡월드는 자라나는 어린이와 청소년들에게 다양한 직업 체험과 탐색의 기회를 제공하고 건전한 직업관 및 근로의식 형성을 유도하여 자신에게 맞는 진로 및 직업선택을 지원하고자 합니다.	
키자니아	http://www.kidzania.co.kr 서울특별시 송파구 올리픽로 240 ㈜MBC PlayBe TEL:1544-5110 대상 : 어린이 가상은 없다! 모두가 다 진짜! 공짜는 없다! 모두가 내가 흘린 땀! 놀면서 배운다! 멋진 어린이들의 나라, 어린이 세상, 90여 개의 실제 작업을 마음껏 체험해 볼 수 있는 키자니아! 실제 기업들의 참여로 이뤄진 현실 그대로의 직업을 경험합니다.	
MBC 드림잡스	http://jobsdream.net 서울시 강동구 성안로 173 신구빌딩 1102호(미래를여는아이들) TEL:02-482-1013 대상 : 청소년 청소년 스스로 자기 꿈과 목표를 세우고 인생을 설계할 수 있는 자기주도형 학습환경과 컨텐츠를 제공. 다양한 시청각 콘텐츠를 활용할 수 있도록 구성. 진로교육 해당 강사는 전 · 현직 전문 직업인으로서 자신의 경험담을 제공합니다.	

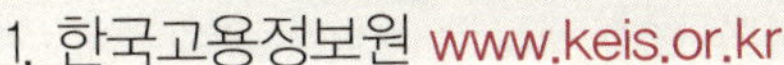

1. 한국고용정보원 www.keis.or.kr
2. 한국잡월드 koreajobworld.or.kr
3. 한국과학창의재단 www.kofac.re.kr
4. 한국직업능력개발원 www.krivet.re.kr
5. 한국청소년상담복지개발원 www.kyci.or.kr
6. 한국교육과정평가원 www.kice.re.kr
7. 한국청소년정책연구원 www.nypi.re.kr
8. 한국교육방송공사 www.ebs.co.kr
9. 한국청소년활동진흥원 www.kywa.or.kr
10. 한국교육학술정보원 www.keris.or.kr
11. 국민체육진흥공단 www.kspo.or.kr
12. 한국산업인력공단 www.hrdkorea.or.kr
13. 한국콘텐츠진흥원 www.kocca.kr
14. 한국언론진흥재단 www.forme.or.kr
15. 한국폴리텍대학 www.kopo.ac.kr
16. 한국문화예술교육진흥원 www.arte.or.kr
17. 한국교육개발원 www.kedi.re.kr

한국교육개발원 자유학기제지원센터의 업무 협업 기관을 참고하세요.

After Service

출판사 홈페이지에서 필요한 양식Form을 다운로드Download 받을 수 있습니다. 꿈을 실현하고자 하는 청소년을 응원하며 다운로드를 통해 꿈을 위한 디딤돌이 될 수 있기를 소망합니다. 언제든지 건강한 피드백을 들려주시면 이를 토대로 좋은 책을 만들도록 노력하겠습니다.

고마운 사람들

사람사랑의 장을 펼쳐주신 고마운 그루터기 주현신 선생님, 그리고 우물 안 개구리에게 망원경을 선물해주신 이성준 선생님과 학원사역팀, 함께라는 마음의 통로를 주신 황정하 선생님과 같이 수고하는 교육부팀, 고맙습니다! 감정놀이연구소의 임진재 소장님의 통찰력은 큰 도전이 됩니다. 박수경 선생님을 통해 흘러나오는 지혜는 저에게 위로가 되었습니다. 그리고 오늘의 자리를 지킬 수 있도록 응원해주신 모든 분들께, 또한 이 글을 읽어주시는 여러분께 감사합니다! 조금 더 희망을 가져봅니다. 사랑합니다!

참고서적

- 감정놀이연구소. "희노애락에 따른 감정단어목록". 2014.
- 고용노동부 · 한국고용정보원 직업연구센터. 『한국직업전망』. 2015.
- 로니 애버겔 강연. 최영인 정리. "신개념 도서관, 휴먼라이브러리".
- 로니 애버겔 초청 휴먼라이브러리 컨퍼런스 〈강연〉. 국회도서관, 2014.
- 배은주 "사람책을 읽는다 - 편견을 없애는 리빙 라이브러리(Living Library)". 『가톨릭뉴스』, 2010년 2월 23일.
- 우지연. 『청소년을 위한 분노조절 프로그램』. 서울: 베드로서원, 2014.
- 주현신. "이런 더불어숲". 2016년 6월 12일. http://gcchurch.or.kr/
- 한국진로교육학회. 『진로교육의 이론과 실제』. 서울: 교육과학사, 2011.

자유학기제 Hello!

청소년 감정진로 GPS

21일 감정진로노트

커피가 만들어지는 순서	커피를 만드는 과정에서 배우는 꿈에 대한 인사이트Insight
1. 커피콩 선택 	한국에서 태어나 자라고 있는 우리에게는 대한민국 청소년만이 할 수 있고, 해내야 하는 꿈들이 있어요. 다른 나라의 것이 우월하다는 생각을 버리고 우리만의 독창적인 것을 생각해보세요.
2. 커피콩 상태 파악 	깨지고 상한 커피콩은 골라내듯이, 지금까지의 상처와 어려움은 이제 골라내야 해요. 아픈 상태에 머무르면 다음으로 나아갈 수 없어요. 꿈을 위해 이젠 안녕하고 떠나보내요.
3. 커피콩 볶기 	커피콩이 볶기 전의 상태는 '생두'라고 해요. 생두가 원두로 바뀌는 작업은 불로 볶는 것이에요. 아무리 좋은 재능을 가지고 태어났다고 하더라도 연단하지 않으면 꿈은 자라지 않아요. 힘들고 어려운 시기를 통해 나를 훈련하는 시간으로 가져보세요.

커피가 만들어지는 순서	커피를 만드는 과정에서 배우는 꿈에 대한 인사이트Insight
4. 원두 갈기 	다 볶아진 원두가 갈아져야 멋진 향과 맛을 냅니다. 딱딱한 상태로 머물면 나는 발전할 수 없어요. 나를 넘어뜨리려고 하는 시험temptation이 아니라 건강한 시험test을 통해 내가 아는 것과 모르는 것, 해야 할 것과 필요한 것을 발견해요.
5. 에스프레소 추출 	아는 것은 실천할 때만이 아는 것이지요. 모든 것을 융합하고 창조해 낼 수 있는 실천적 지혜practical wisdom를 세상은 원해요. 내가 아는 것은 정말 무엇인가요?
6. 커피 응용 	여러분이 배운 것, 경험들은 다양한 모습으로 응용될 수 있어요. 직업이 달라질 수 있고 전공이 바뀐다고 해도 걱정 마세요. 꿈은 내 안에 있으니깐요.
7. 서비스Service 	커피는 함께 나눌 수 있는 사람이 있을 때 가장 맛있습니다. 꿈을 이룬 사람이 많지만 가장 멋진 사람은 다른 사람을 사랑하기 위해서, 함께 사는 이 세상을 섬기기 위해서 살아가는 사람입니다.

1. 꿈을 심기

사진(그림) 붙이는 곳

2. 이미지 트레이닝

그림(사진)을 붙인 날짜:

그림(사진)에 대해 설명해 준 사람:

내 이야기를 들은 사람의 반응:

3. 꿈에 대한 편견 바꾸기

꿈은 잘하지 못해도 사람이라면 누구나 꿀 수 있는 것!
꿈은 자라면서 계속 바뀌게 되지만 그렇다고 꿈이 아닌 것이 아니에요.
꿈이 계속 바뀐다고 속상해 하지 마세요.
꿈에 대한 태도는 바뀌지 않으니깐요.

4. 꿈을 위한 믿음의 약속

"나의 꿈은 조금씩 자라고 있다. 나는 꿈을 향해 조금씩 다가가고 있다."

매일 이 문장을 읽으세요. 그리고 언제 이 문장을 읽을지 약속해보세요.

약속: 시 분

(언제부터: 년 월 일 ~ 언제까지: 년 월 일)

내가 이루고 싶은 꿈의 직업:

왜 이 직업이 좋아 보일까?

1 단계

청소년 감정진로 GPS

셀프 찾기 Real Self

1. 너에게 난 누굴까?

이름:

학교 학년 반

여러분이 보는 나는 어떤 사람인가요?

2. 나만이 아는 나

나를 화나게 하는 것은 무엇인가요?

싫어하는 것을 통해 알게 된 것은 무엇인가요?

3. 내가 좋아하는 것

내가 정말 좋아하는 것

좋아하는 것과 싫어하는 것은 분명 이유가 있어요.
그리고 이 두 가지는 매우 정반대의 모습을 취하고 있지만 비슷한 점이 있어요.
어려워 보이지만 사실은 너무 잘 통하는 내 안에 있는 나의 모습을 발견해볼까요?

	좋아하고 잘해보고 싶은 것	싫어하고 미워하는 것
1		
2		
3		
4		
5		
공통점 발견하기		

4. 너에게 말하고 싶어

지금 머릿속에 떠오르는 이미지를 가지고 그려보세요.

이 사람은 무엇을 하고 있나요?
이 사람은 무슨 말을 하고 싶어 하나요?
이 사람에게 필요한 것은 무엇인가요?
이 사람에게 어떤 말이라도 해 줄래요?

5. 미래의 나

나는 이런 사람이 되고 싶습니다.

미래의 나는 지금 이런 일과 비슷한 일을 하고 있을 것 같습니다.

미래의 명함 만들기

미래의 '내'가 지금의 '나'에게 편지를 남긴다면, 무슨 말을 써줄까요?

이 편지에서 내 마음에 남는 한 문장은?

6. 꿈을 위한 내 발의 빛

지금 나이:

1년 뒤:

3년 뒤:

5년 뒤:

7년 뒤:

10년 뒤:

지금 모습:

나의 모습:

2 단계

청소년 감정진로 GPS

경험 만들기 A Good Experience

1. 감사 채우기

내가 평상시 자주 쓰는 말들을 적어보세요.

나 자신에게	친구에게	부모님에게

이 말들을 긍정적인 말로 바꾸어보세요

나 자신에게	친구에게	부모님에게

"감사합니다", "고마워", "감사해요" 등을 넣어서 하루를 요리해볼까요?

- 하루에 10번 이상 감사한 생각 갖기
- 상대방이 한 일에 대해 감사 말하기
- 나에게 느끼게 해 준 고마운 감정에 대해 감사 말하기

약속: 년 월 일

누구에게 이 말을 할 건가요?

2. 청소년에게 필요한 감정단어 목록

희_행복해요!

행복한, 좋은, 사랑하는, 고마운, 기쁨이 넘치는, 만족하는, 기대하는, 자랑스러운, 뿌듯한, 가슴 벅찬, 감동적인, 보고싶은, 편안한, 포근한, 안정적인, 차분한, 침착한, 여유로운, 한가로운, 고요한, 평온한, 평화로운, 따뜻한, 다정한, 온화한, 감미로운, 자비로운, 정겨운, 가슴 뭉클한, 보람찬, 애틋한

노_화나요!

화난, 싫은, 짜증나는, 미워하는, 심통나는, 샘 나는, 질투나는, 지겨운, 귀찮은, 답답한, 속상한, 좌절한, 괴로운, 억울한, 신경질나는, 분한, 열받는, 곤두선, 질투하는, 약오르는, 욱하는, 충격적인, 상처받은, 섭섭한, 비참한, 변덕스러운

애_슬퍼요!

슬픈, 눈물이 나는, 미안한, 마음 아픈, 불쌍한, 재미없는, 지루한, 따분한, 의욕없는, 무관심한, 시큰둥한, 위축된, 의기소침한, 외로운, 막막한, 기운이 없는, 피곤한, 걱정되는, 고민되는, 후회되는, 실망스러운, 조심스러운, 안타까운, 싸늘한, 허탈한, 우울한, 울적한, 서러운, 안절부절못하는

락_신나요!

신나는, 즐거운, 재미있는, 흥겨운, 흥분되는, 할 수 있는, 자신있는, 당당한, 기대되는, 궁금한, 설레는, 놀라운, 반가운, 흥미로운, 몰두하는, 열정적인, 의욕넘치는, 활력넘치는, 힘찬, 기운이 넘치는, 날아갈 것 같은, 밝은, 발랄한, 생생한, 상쾌한, 유쾌한, 의기양양한, 자랑스러운, 확신하는, 우쭐한, 짜릿한, 꿋꿋한, 용기있는

공포_무서워요!

무서운, 두려운, 공포스러운, 불안한, 떨리는, 겁나는, 진땀나는, 조마조마한, 초조한, 다리가 후들거리는, 굳어버린, 긴장된, 주눅드는, 소름끼치는, 오싹한, 괴로운, 고통스러운

수치_부끄러워요!

부끄러운, 쑥스러운, 창피한, 수치스러운, 민망한, 어색한, 자신없는, 어려운, 당황스러운, 혼란스러운, 당혹스러운, 위축된, 죄스러운, 난감한, 낭패스러운, 부담되는, 찝찝한

3. 감사 근육 키우기

아침부터 잠들기 전까지 감정 그래프

100
80
60
40
20
0

최고에서 일어난 일 :

그때의 감정 이모티콘 :

최저에서 일어난 일 :

그때의 감정 이모티콘 :

그래도 감사했던 일 발견하기

감사노트 ______ 일째

1.

2.

3.

4.

5.

4. 마음 그림일기

____________년 ____월 _____일

오늘의 감정날씨는?

오늘에 대한 긍정의 말:

내일을 위한 격려의 생각과 행동:

5. 하루 쓰레기통

오늘 내가 버리고 싶은 감정이나 사건이 무엇인지 생각해볼까요?

버려야 할 감정이나 행동

다시 사용하고 싶은 감정이나 행동

6. 생각 정리 마인드맵

생각정리 ______일째

__________년 ____ 월 _____일 ____요일

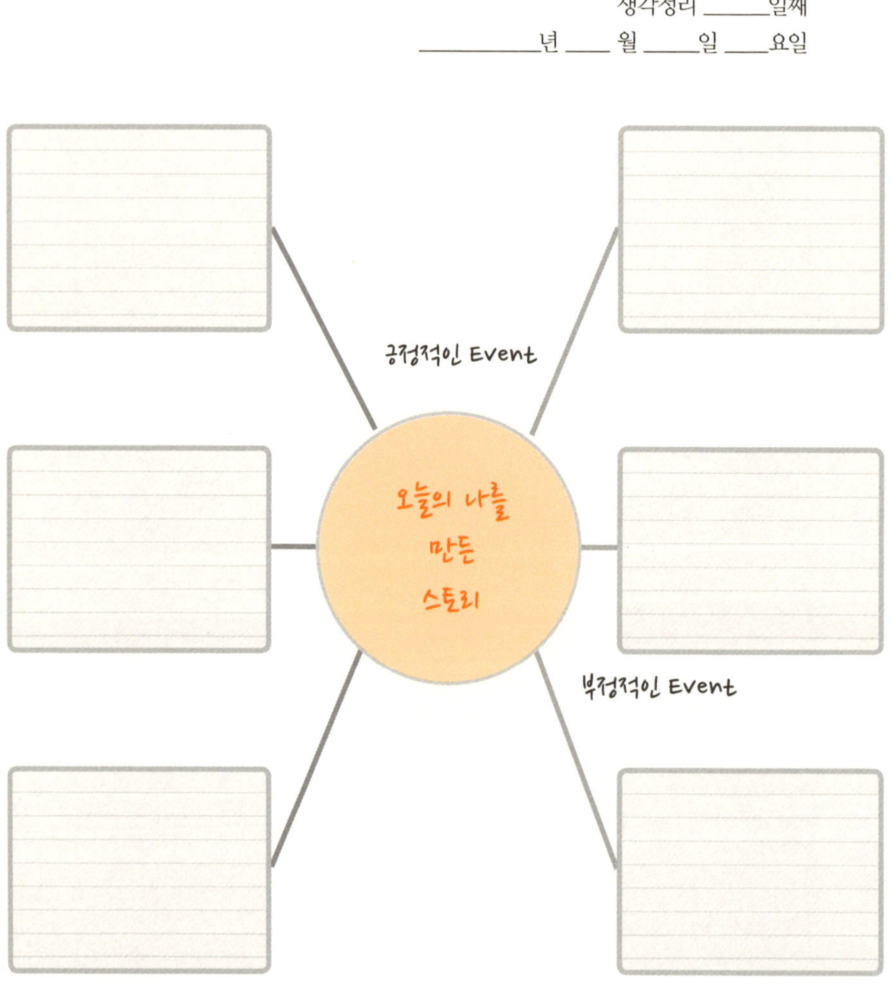

7. 친구 네트워크

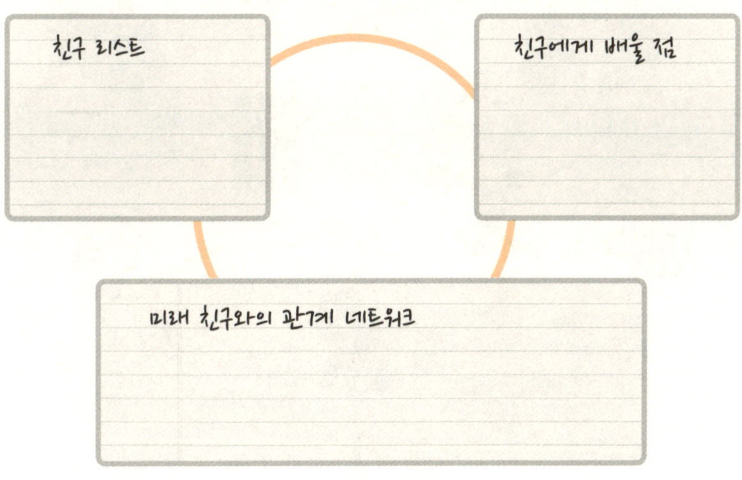

8. 마음과 몸이 건강해지는 분노를 해결하는 18가지 방법

1. 9가지 열매 이야기

사랑: 조건을 보지 않고 자발적으로 기꺼이 희생하는 사랑

희락: 어려운 환경에 영향을 받지 않는 마음의 지속성

화평: 마음의 평온을 빼앗기지 않는 고요한 상태

오래참음: 소망을 잃지 않고 물러서지 않는 단단한 견딤

자비: 나의 필요를 넘어서 다른 이들의 필요를 채워주는 친절함

양선: 모든 사람에게 선한 목적을 가지고 행동으로 보여주는 사랑

충성: 약속한 것을 지키기 위해서 자기의 자리를 지키는 믿음직스러움

온유: 자신이 가지고 있는 힘을 바른 목적을 향해 사용하는 능력

절제: 아무도 보지 않는 곳에서 자기를 지켜낼 수 있는 자기통제

The fruit of the Spirit is love, joy, peace, patience, kindness, goodness, faithfulness, gentleness and self-control. Against such things there is no law. Galatians 5:22-23

나에게 있는 열매

더 맺고 싶은 열매

2. 청소년을 위한 조언

열매	주요 성격	위인들	훈련방향	
			대상	실천목표
사랑	조건없음 자발적임 희생하는 사랑	· 장기려 · 이태석		
희락	어려운 환경에 처함 마음을 지키는 지속성	· 반기문 · 월트디즈니		
화평	마음을 고요하게 만드는 상태	· 요한 제바스티안 바흐 · 황희		
오래 참음	소망을 가짐 물러서지 않고 견딤 훈련	· 간디 · 베토벤 · 크리스토퍼 콜럼버스 · 스티븐 호킹		
자비	다른 이들의 필요를 앎 친절함	· 테레사 · 정약용		
양선	모든 사람에게 선함 행동으로 드러남	· 나이팅게일 엘리너 루스벨트		
충성	약속을 지킴 자기의 자리에 있음 믿음직스러움	· 정몽주 · 안창호		
온유	내가 가진 힘을 앎 나의 것을 바르게 사용함	· 세종대왕 · 에이브러햄 링컨		
절제	스스로 자기를 지킬 수 있는 자기통제	· 김정호 · 김유신 · 신사임당 · 임마누엘 칸트 · 조지 워싱턴		

9가지 열매 프로젝트

___주	9가지 열매 우선순위	월	화	수	목	금	토	일
1								
2								
3								
4								
5								
6								
7								
8								
9								

누구에게 열매를 맺을 것인가요?

(예를 들어, 등교하기 전에 엄마에게 사랑한다고 말하겠습니다.)

대상: ______________________________

____

무엇을: ______________________________

____

언제: ______________________________

____

3. 매일 시간 플래너

계획하세요! 그리고 스스로와 약속하세요! 그리고 실천하세요!

Month		This Week
		1주 2주 3주 4주 5주

기상시간		취침시간	

이번주 계획

이번 주 우선순위

1	
2	
3	
4	
5	

■ 일일학습계획

오늘을 시작하는 긍정적인 말	

교시	공부한 과목(페이지)	과제	확인

오늘을 효과적으로 사용하는 방법

1) 집중하기 위해서 휴대폰은 무음으로 하세요. 쉬는 시간에 보도록 합니다.
2) 쉬운 것이 아닌 어려운 과목부터 합니다.
3) 다 한 일은 목록에서 지웁니다.
4) 핑계를 정당화하지 마세요. 자신에게 정직하세요.
5) 쓸데없는 생각은 메모지에 바로 옮겨 적으세요. 집중하지 못하게 만드는 생각에 사로잡히지 마세요.

시간	우선 순위	내용	시작 시간	마치는 시간	의미

시간	우선 순위	내용	시작 시간	마치는 시간	의미

갑작스러운 일들이 생길 경우를 대비해서 브레이크 타임Break Time을 만드세요.

브레이크 타임은 공부하려고 하는데 누군가의 방해나 어려운 일이 생길 때, 친구나 가족의 급한 약속 등을 위한 것입니다. 갑작스럽게 나의 의지와 상관없이 일어나는 일들은 불편할 수 있습니다. 하지만 내가 조정할 수 없다면, 스스로 잠시 쉼을 누릴 수 있는 시간이 주어졌다고 생각하세요. 그러면 한결 마음이 편안해 질거예요. 그리고 하지 못한 일은 다음 날로 미루지 말고, 토요일과 같은 시간에 하도록 합니다.

Break Time:

시 분 ~ 시 분

데일리 시간관리

수면시간	
공부한 시간(학교/학원 등)	
꿈을 이루기 위해 노력한 시간 (복습/숙제/실기 등)	
짜투리시간(등하교 등)	
휴식(식사 등)	

오늘에 대한 피드백

1) 나 자신과의 약속을 잘 지켰나요?
만약 그렇지 못하다면 무엇이 문제였나요?
이 문제를 해결하기 위해서 내가 할 수 있는 방법은 무엇이 있을까요?

2) 오늘 나는 행복한 하루, 감사한 마음을 가졌나요?

3) 여러분이 상상한 미래 사진을 마음에 품고 잠들어요.

4. 월별계획안

__________ 월

MON	TUE	WED	THU	FRI	SAT	SUN

올 해 이루고 싶은 버킷 리스트

1.

2.

3.

4.

5.

6.

7.

5. 스케쥴 없는 날, 보너스

달력을 보면 빨간색으로 표시된 날짜가 있지요?
그 날은 쉬는 날이라는 뜻이에요.
쉼이 있어야 공부도 할 수 있고 운동도 하고, 삶의 의미를 생각해 볼 수도 있어요.
머리를 쉬고, 마음을 내려놓는 그런 날이 여러분에게는 언제 있나요?

일주일에 1일(한 달에 4번)	스케쥴 없는 날
1	월 일
2	
3	
4	

일주일에 1일(한 달에 4번)	스케쥴 없는 날
1	월 일
2	
3	
4	

6. 봉사활동 계획표

<table>
<tr><td rowspan="3">활동
계획</td><td colspan="2">년 월 일 ~ 년 월 일</td></tr>
<tr><td colspan="2">월 ( ) 회, 주 ( ) 회</td></tr>
<tr><td colspan="2">오전/오후 ( )시부터 오전/오후 ( )시 까지 ( )시간</td></tr>
<tr><td rowspan="3">활동
장소</td><td>단체명</td><td></td></tr>
<tr><td>주 소</td><td></td></tr>
<tr><td>연락처</td><td></td></tr>
<tr><td>희망
분야</td><td colspan="2"></td></tr>
<tr><td>계획
동기</td><td colspan="2"></td></tr>
</table>

위와 같이 봉사활동을 하고자 계획합니다.

년 월 일

성 명 : (인)

담 임 : (인)

봉사활동을 통해 꿈의 퍼즐 한 조각을 맞춰봅니다!

내가 관심을 갖고 있는 분야

1. ______________________________

2. ______________________________

3. ______________________________

관심있는 분야의 봉사를 해 나가려면 아래의 검색어를 참고하세요.

- 종합봉사센터 (각 시마다 사이트를 개설하고 청소년들의 봉사활동과 관련된 다양한 정보를 갖추고 있어요)
- 행정자치부 1365자원봉사 (분야별, 지역별, 유형별 봉사정보를 알 수 있어요)
- 두볼 청소년자원봉사 (청소년자원봉사 매뉴얼, 상해보험 등의 상세한 정보가 있어요)

7. 돈에 대한 생각정리

1) 돈 사용 다이어리Diary

날짜	금액			지출에 대한							
				내용(for)			분류				
	수입	지출	잔액	me	you	other	식비	문화	필기구	의류	

이번 주 돈 사용 다이어리에 대한 분석

(1) 돈 사용의 대상과 이유

(2) 돈 사용에 대한 사실

내가 가장 많이 사용한 대상과 사용처

이유:

새롭게 알게 된 점:

내가 가장 적게 사용한 대상과 사용처

이유:

알게 된 점:

(3) 돈에 대한 생각 정리

돈 때문에 꿈과 바꾸지 말자. 돈 때문에 꿈을 포기하지 말자.
그러나 돈 때문에 꿈을 꾸지 못한다고 말하지 말자.
누구에게나 꿈은 꿀 수 있는 거니깐.
불편하고 돈이 없다고 하더라도
절대로 낙심하거나 타인을 탓하지 말자.

2) 돈에 대한 나만의 원칙 정하기

돈에는 나의 가치가 담겨져 있다.

돈은 아무리 많아도 만족할 수 없는 것이고, 돈을 벌지 않는 청소년에게는 늘 모자라고 부족하다.

내가 쓰고 싶은 만큼 돈이 필요하다면, 얼마만큼의 돈이 있어야 하겠는가.

돈을 사용하고자 하는 목표를 정하고 그것을 얻기 위해서 나는 또 다른 것을 내려놓아야 한다.

돈을 많이 버는 것이 아니라 그것을 "어디에" 사용하려고 하는지 스스로에게 물어보자.

돈을 사용하는 데에는 항상 대가가 필요하다.

4 단계 청소년 감정진로 GPS

사람책 Human Book

1. 사람책을 대출합니다

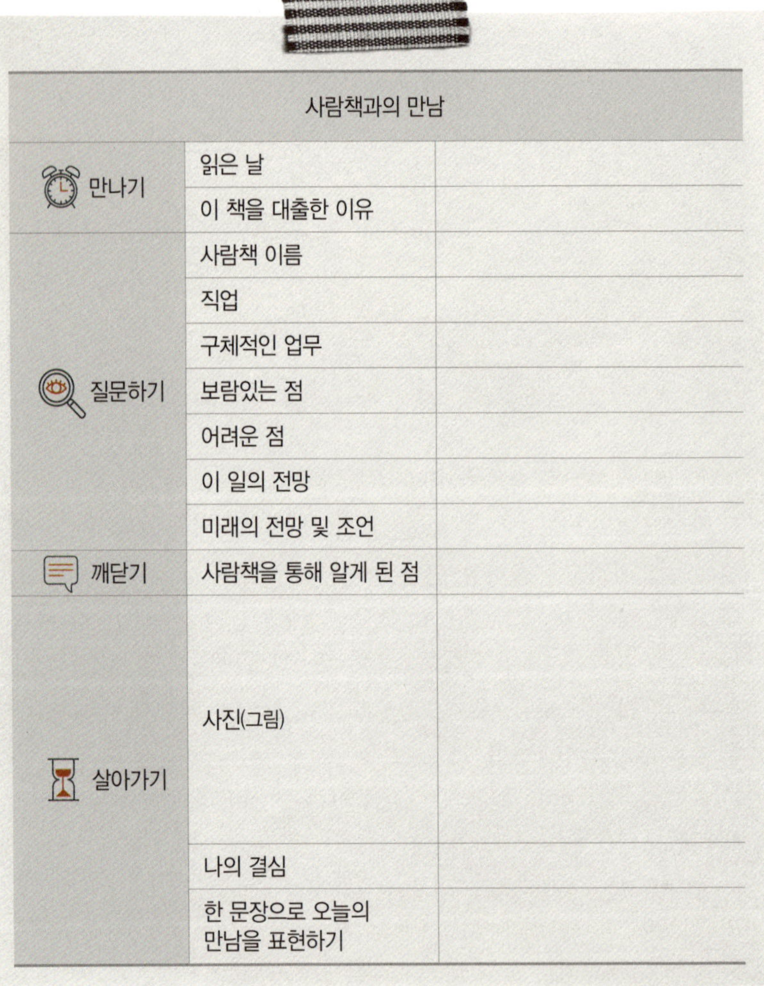

사람책과의 만남		
만나기	읽은 날	
	이 책을 대출한 이유	
질문하기	사람책 이름	
	직업	
	구체적인 업무	
	보람있는 점	
	어려운 점	
	이 일의 전망	
	미래의 전망 및 조언	
깨닫기	사람책을 통해 알게 된 점	
살아가기	사진(그림)	
	나의 결심	
	한 문장으로 오늘의 만남을 표현하기	

2. 사람책 마인드맵

한 권을 읽을 때마다 사람 책 마인드맵으로 정리합니다.

읽은 날:

사람책 저서명:

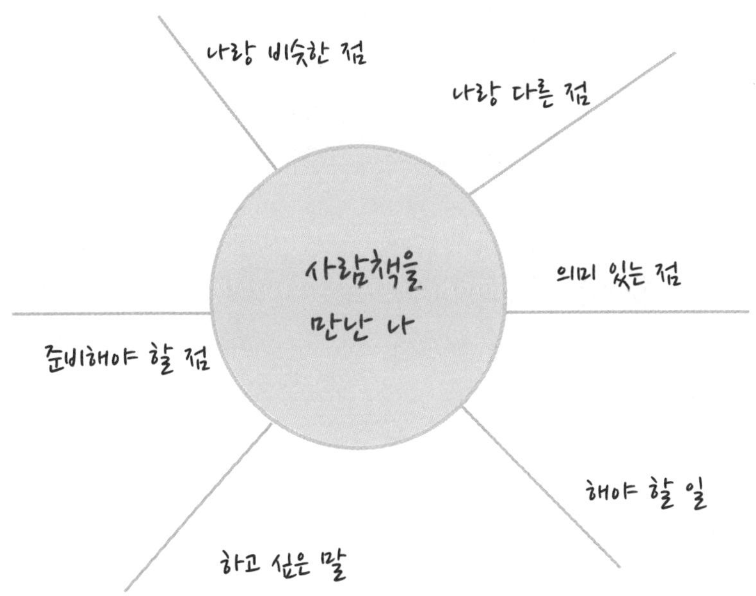

3. 꿈의 직장 포트폴리오portfolio

날짜			
작성자			
방문직장			
만나주신 분		직책	
하시는 일			
생각할 질문거리	어떻게 해서 이 직업을 선택하게 되셨나요? 이 직업에 대해 가장 만족하시는 때는 언제인가요? 이 일을 하면서 힘든 점은 무엇인가요? 이 직업을 가지려면 어떤 준비를 해야 하나요? 이 일을 희망하는 학생들에게 하고 싶은 말씀은 무엇인가요?		
노트			

	내가 경험한 활동
활동 내용	
좋았던 점	
아쉬웠던 점	
오늘 배운 점	
새롭게 알게 된 점	
준비하고 싶은 점	

5. 책 속에서 만나는 꿈의 모델

읽은 날		No.	
책명			
저자		출판사	
책에서 만난 꿈 모델	1. 인물		
	2. 이벤트Event		
	3. 해석과 반응		
인상깊은 문장			
단어로 이 책을 정리하기			

6. 건강한 나무로 성장하기 위한 자기 선언

헌신獻身, 나는 무엇을 위해 몸을 쓰고 있는가?
헌심獻心, 나는 어떤 것에 마음을 맞추고 있는가?
헌금獻金, 나는 누구를 향해 돈을 사용하고 있는가?

인성교육진흥법 핵심가치 :
예(禮), 효(孝), 정직, 책임, 존중, 배려, 소통, 협동

헌신, 나는 __________을 위해 나의 몸을 __________________.

헌금, 나는 __________에 마음을 집중하겠습니다.

헌금, 나는 __________를 향해 나의 돈을 사용하겠습니다.

년 월 일

이름: (사인)

초판 1쇄 발행 2016. 11. 1.

지은이 우지연
펴낸이 방주석 펴낸곳 베드로서원
주 소 (10252) 경기도 고양시 일산동구 고봉로 776-92
전 화 031) 976-8970 팩 스 031) 976-8971
이메일 peterhouse@daum.net 창립일 1988년 6월 3일
등 록 (제59호) 2010년 1월 18일 ISBN 978-89-7419-353-9